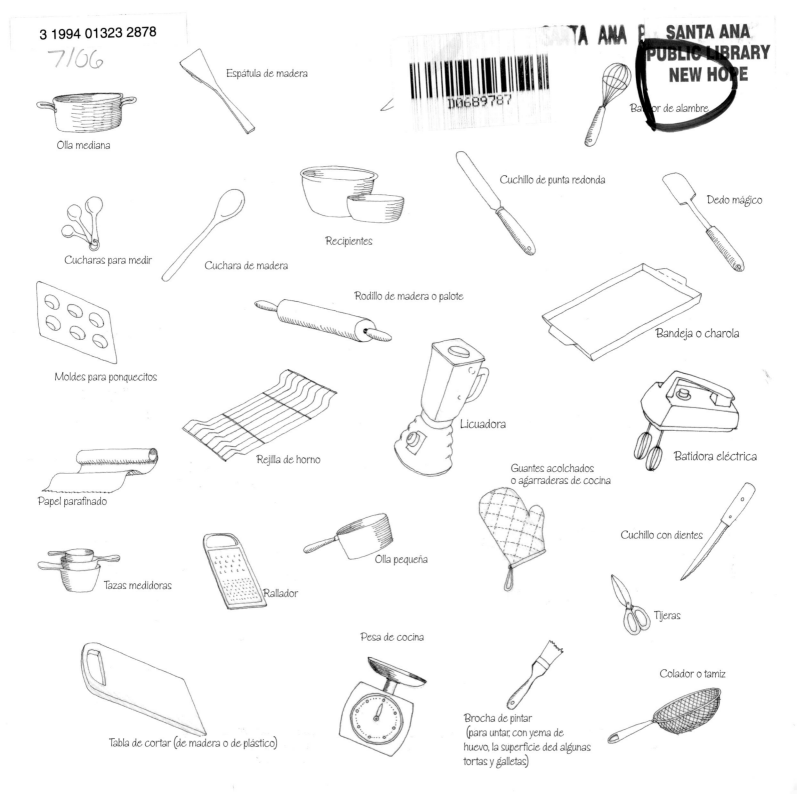

3 1994 01323 2878

7/06

SANTA ANA P... SANTA ANA
PUBLIC LIBRARY
NEW HOPE

00689787

Olla mediana

Espátula de madera

Cucharas para medir

Cuchara de madera

Recipientes

Cuchillo de punta redonda

Batidor de alambre

Dedo mágico

Moldes para ponquecitos

Rodillo de madera o palote

Bandeja o charola

Papel parafinado

Rejilla de horno

Licuadora

Batidora eléctrica

Guantes acolchados
o agarraderas de cocina

Tazas medidoras

Rallador

Olla pequeña

Cuchillo con dientes

Tijeras

Tabla de cortar (de madera o de plástico)

Pesa de cocina

Brocha de pintar
(para untar, con yema de
huevo, la superficie ded algunas
tortas y galletas)

Colador o tamiz

Playco Editores, C.A. 2002
Zona Industrial San Vicente II, calle "C",
Galpón n.º 52, apartado 1212, Maracay 2104;
estado Aragua, Venezuela.
Tel / fax: (0243) 5516070 / 5515509
Correo electrónico: playco@cantv.net
Recopilación Mónica Bergna
Ilustraciones Rosana Faría
Diseño Analiesse Ibarra
Dirección Editorial María Elena Maggi
Dirección de Arte Rosana Faría
Correcciones Pedro Parra Deleaud
Impreso por Editorial Ex Libris
ISBN 980-6437-30-6
HECHO EL DEPÓSITO DE LEY
Depósito Legal: if5722002641962
Todos los derechos reservados

Producido por Playco Editores Publicaciones, C.A.
Centro Dos caminos, Ofc. 4-B, calle El Carmen,
Los Dos Caminos, Caracas 1071, Venezuela.
Tel / fax: (0212) 2354736 / 2372764
Correo electrónico: playcoep@cantv.net

Índice

Recetas para compartir

Galletas y dulces

Recopilación Mónica Bergna

Ilustraciones Rosana Faría

Playco Editores

J SP 641.86 BER
Bergna, Monica
Recetas para compartir

$16.50
CENTRAL   31994013232878

La cocina es un laboratorio mágico de donde emanan olores, sabores y colores.

A diferencia de otros laboratorios, la mayoría de las mezclas que se realizan en la cocina resultan sabrosas y no tan explosivas.

En este libro hemos tratado de incluir recetas fáciles y nutritivas, pero te podemos asegurar que el mejor ingrediente para hacer una receta especial es compartir su elaboración con tus padres, abuelos, otros familiares o amigos.

A continuación encontrarás las reglas de oro que todo buen cocinero debe seguir.

Higiene

· Lávate las manos con agua y jabón.
· Protege tu ropa con un delantal.
· Utiliza recipientes fáciles de lavar.
· Lava los utensilios a medida que los dejes de usar: evita que se te acumulen en el fregadero.
· Limpia la mesa donde prepararás la comida.

Organización

· Lee la receta completa.
· Si no conoces los utensilios, búscalos en las guardas del libro
· Prepara tus ingredientes. Pesa los que sean sólidos en un peso de cocina, y mide los ingredientes líquidos con la taza medidora.

Seguridad y precaución

· Siempre que puedas, utiliza recipientes irrompibles.
· Si tienes que cortar algo, utiliza el cuchillo con mucho cuidado y hazlo sobre una tabla de madera.
· Utiliza guantes acolchados cuando saques o metas los objetos al horno.

Seguridad y precaución

· Coloca siempre las asas, mangos de ollas y sartenes hacia
  el lado de adentro de la cocina, para evitar tumbarlos.
· Para añadir o batir ingredientes en una olla o sartén, sobre
  la hornilla caliente, sujétalo por el asa o mango con un
  guante acolchado, para evitar que se te voltee.
· Ten un espacio reservado para las cosas calientes: colócalas sobre una tabla de madera, nunca directamente sobre
  la mesa.
· Cuando vayas a utilizar el horno asegúrate de que no haya
  ningún objeto guardado en su interior. Coloca la rejilla del
  horno a la altura correcta; para la mayoría de las recetas
  debes utilizar la rejilla en la mitad del horno.
· Enciende el horno con la ayuda de un adulto. Hazlo antes
  de empezar a preparar la receta, pues así estará listo
  cuando tengas que utilizarlo.
· No abras la puerta del horno mientras haya algo cocinán-
  dose, y respeta los tiempos de cocción de cada plato.
· Si se derrama alguna salsa o alimento sobre la hornilla,
  apágala y déjala enfriar antes de limpiarla.
· Al terminar de cocinar no te olvides de apagar las hornillas
  y el horno.

Clasificación de dificultad

Antes de comenzar a preparar una receta es bueno saber su
grado de dificultad; lo que te indicaremos con gorros de chef:

 UN GORRO: receta muy fácil de preparar, no tienes que encender el horno, ni las hornillas.

 DOS GORROS: receta fácil de preparar. Puedes
hacerla solo, pero es mejor solicitar la ayuda de un
adulto, sobre todo para prender y apagar el horno.

TRES GORROS: receta con cierta dificultad, tienes contacto con el horno y a veces con la hornilla, por lo que es conveniente la ayuda de un adulto.

Gomitas de gelatina

4 porciones
1 gorro

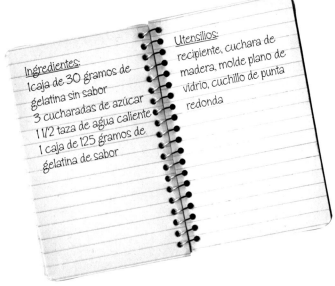

Ingredientes:
1 caja de 30 gramos de gelatina sin sabor
3 cucharadas de azúcar
1 1/2 taza de agua caliente
1 caja de 125 gramos de gelatina de sabor

Utensilios:
recipiente, cuchara de madera, molde plano de vidrio, cuchillo de punta redonda

1 En un recipiente, disuelve los sobres de gelatina con el agua caliente.

2 Agrega el azúcar y mezcla bien.

3 Vierte en un molde plano de vidrio.

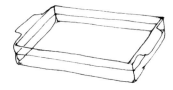

4 Pon a enfriar en la nevera por una hora o hasta que cuaje.

5 Corta en cuadritos, con un cuchillo de punta redonda.

Peter Cooper, famoso investigador, fue el primero en patentar el procedemiento de la elaboración de la gelatina, en 1845. En la actualidad se consumen más de 500 mil millones de sobres de gelatina al año en todo el mundo.

9

Turrón de chocolate

12 a 15 porciones
1 gorro

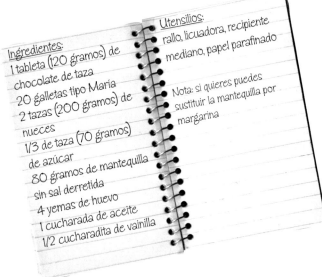

Ingredientes:
1 tableta (120 gramos) de chocolate de taza
20 galletas tipo María
2 tazas (200 gramos) de nueces
1/3 de taza (70 gramos) de azúcar
80 gramos de mantequilla sin sal derretida
4 yemas de huevo
1 cucharada de aceite
1/2 cucharadita de vainilla

Utensilios:
rallo, licuadora, recipiente mediano, papel parafinado

Nota: si quieres puedes sustituir la mantequilla por margarina

1 Ralla el chocolate con un rallo y colócalo en un recipiente mediano.

2 Licua, en la licuadora, las nueces hasta que se pulvericen.

3 Vierte en el recipiente donde está el chocolate.

4 Trocea las galletas tipo Maria y vierte en el recipiente donde está el chocolate.

5 Agrega el resto de los ingredientes y amasa todo con las manos hasta que obtengas una masa dura.

6 Con tus manos, dale forma de rollo y cubre con el papel parafinado.

Françoise Louis Cailler fabricó artesanalmente la primera tableta de chocolate, en 1819, en Vevey, Suiza.

7 Pon a enfriar en la nevera por 2 horas.

8 Corta en rodajas, sobre una tabla de madera, antes de servir.

Besitos de coco

75 piezas
2 gorros

Ingredientes:
4 huevos
120 gramos de papelón rallado (puedes sustituirlo por azúcar morena)
160 gramos de manteca ve-
getal a temperatura ambiente
3/4 taza (90 gramos) de harina
1 cucharadita de polvo de
hornear
1 coco rallado (300 gramos)
1 cucharadita de ralladura de
limón

Utensilios:
recipiente grande, bandeja de
hornear, batidora eléctrica,
cuchara de madera

1 Precalienta el horno a
350 °F (170 °C).

2 Engrasa y enharina
la bandeja que vas a utilizar.

3 Bate el papelón rallado,
los huevos y la manteca, con
la batidora eléctrica, hasta
obtener una mezcla cremosa.

4 Agrega el resto de los
ingredientes y mezcla bien con
la cuchara de madera.

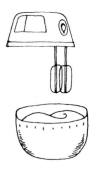

5 Con las palmas de las manos forma unas bolitas de aproximadamente 3 centímetros, con mayor altura en el centro.

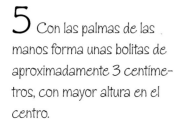

6 Colócalas sobre una bandeja, dejando espacio entre cada una para que no se peguen.

7 Hornea por 25 minutos o hasta que los besos estén dorados, del color del papelón (si sustituyes el papelón por azúcar quedaran más claros).

8 Luego retira la bandeja del horno y deja enfriar los besitos a temperatura ambiente antes de servirlos.

Cuenta la leyenda que el coco llegó a nuestras tierras, arrastrado por las corrientes marinas desde los trópicos malayos, de donde es originario. Lo cierto es que la nuez de coco puede permanecer más de cien días en el agua del mar sin germinar.

Caracoles bicolores

80 galletas
2 gorros

Ingredientes
para la masa blanca:
1/4 taza (50 gramos) de azúcar
1 1/3 taza (175 gramos) de harina
125 gramos de mantequilla
sin sal
1 cucharada de leche

Ingredientes
para la masa negra:
1/4 taza (50 gramos) de azúcar
1 1/3 taza (175 gramos) de harina
2 cucharadas (30 gramos) de
chocolate en polvo o cacao

125 gramos de mantequilla sin
sal troceada
1 cucharada de leche

Utensilios:
bandeja de hornear, recipiente grande, cuchillo, rodillo de
madera, espátula de madera,
brocha de cocina

Nota: si quieres puedes
sustituir la mantequilla por
margarina

1 Precalienta el horno a 350 °F (180 °C).

2 Engrasa y enharina la bandeja que vas a utilizar.

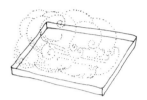

3 Prepara la masa blanca: En un recipiente grande mezcla los ingredientes secos (el azúcar y la harina).

· Agrega la mantequilla troceada. Trabaja la masa con las manos hasta que la mezcla parezca migas.

· Añade la leche, y sigue amasando hasta formar una masa lisa.

4 Prepara la masa negra igual que la masa blanca, pero agrega el chocolate en polvo cuando mezcles los ingredientes secos.

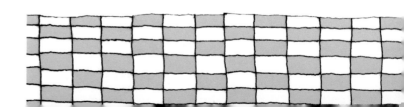

5 Enharina la mesa y el rodillo, y extiende con él una parte de cada tipo de masa, formando un cuadrado de 15 por 15 centímetros.

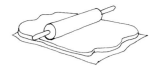

6 Con la brocha de cocina, pinta con leche la superficie de cada cuadrado.

7 Pon un cuadrado sobre otro y enróllalos juntos.

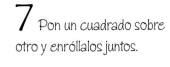

En 1825, el holandés Conrad Van Houten inventó el chocolate en polvo.

8 Déjalos endurecer dentro de la nevera por 30 minutos.

9 Corta el rollo en rodajas de medio centímetro.

10 Coloca con cuidado las galletas en una bandeja.

11 Hornea de 15 a 20 minutos o hasta que estén ligeramente doradas.

12 Después retíralas con cuidado y déjalas enfriar antes de servirlas.

Galletas danesas

80 galletas
2 gorros

Ingredientes:
5 tazas (600 gramos) de harina
1 taza (200 gramos) de azúcar
1 pizca de sal
1 cucharadita de polvo de hornear
400 gramos de mantequilla sin sal
2 yemas de huevo
1 huevo
2 cucharadas de agua fría
1 cucharada de extracto de vainilla

Utensilios:
bandeja de hornear, cuchara de madera, recipiente mediano, rodillo de madera, molde para cortar galletas, espátula

Nota: si quieres puedes sustituir la mantequilla por margarina

1 Precalienta el horno a 350 °F (180 °C).

2 Engrasa y enharina la bandeja que vas a utilizar.

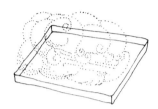

3 Sobre la mesa, mezcla los ingredientes secos (el azúcar, la harina, el polvo de hornear y la sal). Haz un montoncito con un hueco al centro (como un volcán).

4 Agrega la mantequilla troceada, las yemas de huevo, y con la punta de los dedos mezcla todo hasta que obtengas una masa lisa.

5 Haz una bola, envuélvela en una bolsa plástica y ponla a enfriar dentro de la nevera, por 30 minutos, para facilitar su amasado.

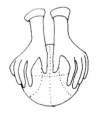

6 Espolvorea harina sobre la mesa y el rodillo, y luego estira la masa con el rodillo hasta que tenga 1/2 centímetro de espesor.

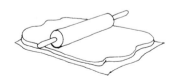

7 Utiliza el molde que más te guste para cortar las galletas, haciendo presión sobre la masa.

8 Con una espátula levanta las galletas y colócalas en la bandeja.

9 Hornea las galletas durante 15 minutos o hasta que estén ligeramente doradas.

10 Retira la bandeja del horno y déjala enfriar sobre una rejilla antes de servir las galletas. Recuerda ponerte los guantes acolchados para no quemarte.

Esta receta fue inventada en Venezuela por el Chef pastelero Jean Luc Roucheray, quien recomienda usar la original mantequilla danesa para elaborarla.

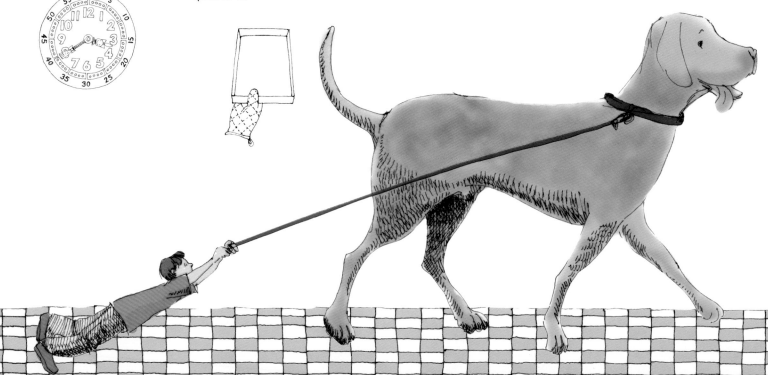

Galletas con chispas de chocolate

25 galletas
2 gorros

Ingredientes:
100 gramos de mantequilla sin sal a temperatura ambiente.
3/4 de taza (75 gramos) de azúcar morena
1 huevo
125 gramos de chispas de chocolate
1 taza (100 gramos) de harina
1/2 taza (50 gramos) de nueces picadas
2 cucharadas de polvo de hornear

Utensilios:
bandeja de hornear, recipiente mediano, batidora eléctrica, cuchara de madera

Nota: si quieres puedes sustituir la mantequilla por margarina

1 Precalienta el horno a 375 °F (200 °C).

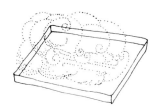

2 Engrasa y enharina la bandeja que vas a utilizar.

3 Bate la mantequilla, el azúcar y el huevo con la batidora eléctrica.

4 Agrega las chispas de chocolate, la harina, el polvo de hornear y las nueces. Bate todo con una cuchara de madera hasta que quede bien mezclado.

5 Con las palmas de las manos, haz unas bolitas y colócalas en la bandeja, bien separadas las unas de las otras para que no se peguen al cocinarlas.

6 Hornea la bandeja por 15 minutos. Después, sácala del horno y déjala enfriar sobre una rejilla. Recuerda utilizar tus guantes acolchados para no quemarte.

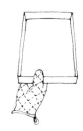

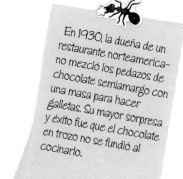

En 1930, la dueña de un restaurante norteamericano mezcló los pedazos de chocolate semiamargo con una masa para hacer galletas. Su mayor sorpresa y éxito fue que el chocolate en trozo no se fundió al cocinarlo.

Galletas navideñas

40 galletas
2 gorros

Ingredientes:
1 taza (100 gramos) de azúcar
2 tazas (250 gramos) de harina
1 cucharada de chocolate en polvo
1 pizca de sal
2 huevos
150 gramos de mantequilla troceada, sin sal, a temperatura ambiente

Utensilios:
bandeja de hornear,
moldes para cortar galletas,
batidor,
espátula,
rodillo de madera

1 Precalienta el horno a 350 °F (180 °C).

2 Engrasa y enharina la bandeja que vas a utilizar.

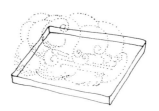

3 Dispón sobre la mesa el azúcar, la harina, la sal y el chocolate en polvo, y mézclalos con la punta de tus dedos. Después forma un pequeño volcán.

4 Añade, en el centro del volcán, los huevos y la mantequilla troceada.

5 Amásalos hasta que obtengas una masa lisa; haz una bola.

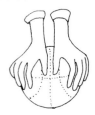

6 Espolvorea de harina la mesa y el rodillo, y estira con él la masa hasta que tenga 1 centímetro de espesor.

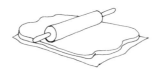

7 Utiliza un molde para cortar galletas, presionándolo bien sobre la masa.

8 Con una espátula, levanta las galletas y colócalas sobre la bandeja.

9 Hornea la bandeja durante 15 minutos o hasta que las galletas estén ligeramente doradas.

Esta receta es originaria de Suecia. Como son muy duras, resultan ideales para decorar, así que las usan para adornar los árboles de Navidad. Si quieres mantener alejadas de ellas a hormigas y bachacos, debes agregar a la receta 1 cucharada de clavo de olor molido.

10 Luego, retira la bandeja del horno y déjala enfriar sobre una rejilla. Recuerda ponerte los guantes acolchados para no quemarte. Si lo deseas puedes decorarlas con el glaseado.

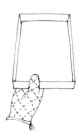

Glaseado

Ingredientes para el glaseado:
50 gramos de azúcar para nevar
1 cucharada de agua caliente
Utensilios:
recipiente, colador, cuchara de madera

1 Pasa el azúcar por el colador y ponla dentro del recipiente.

2 Añade el agua, poco a poco, removiendo con la cuchara de madera hasta que la mezcla se espese y quede pegada a la cuchara.

3. Recubre las galletas con el glaseado.

Peces de canela

25 galletas
2 gorros

Ingredientes:
100 gramos de mantequilla
sin sal a temperatura ambiente
2 yemas de huevo
1 huevo
1/4 taza (50 gramos)
de azúcar
1 cucharadita de ralladura de
limón
1 pizca de sal
2 tazas (250 gramos) de
harina
2 cucharadas de azúcar
nevada para decorar

Utensilios:
bandeja de hornear, recipiente grande, batidora eléctrica, espátula de madera, palillo de madera

1 Precalienta el horno a 350 °F (180 °C).

2 Engrasa y enharina la bandeja que vas a utilizar.

3 Bate la mantequilla, las yemas, el huevo, la ralladura de limón y el azúcar en la batidora eléctrica, hasta obtener una mezcla cremosa.

4 Poco a poco, añade la harina y mezcla con una espátula de madera, hasta obtener una masa lisa.

5 Toma entre tus manos porciones del tamaño de una nuez y forma palitos gruesos como un lápiz.

6 Sobre la bandeja, dispón las tiras. Une los extremos formando rosquillas o pégalos, como muestra el dibujo, formando unos peces.

7 Con un palillo de madera dibuja los ojos y la boca de los peces, decóralos como más te guste.

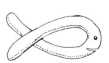

8 Mete la bandeja al horno y hornea durante 15 minutos.

9 Retira la bandeja del horno, utilizando tus guantes acolchados para no quemarte y, cuando las galletas se hayan enfriado por completo, espolvoréalas con azúcar nevada.

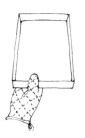

La canela es la corteza del árbol llamado canelo, que es originario de Ceilán, isla situada al sur de la India.

23

Polvorosas

50 piezas
2 gorros

Ingredientes:
2 tazas (250 gramos) de harina
1 taza (140 gramos) de manteca vegetal a temperatura ambiente
1 taza (200 gramos) de azúcar nevada
3 cucharadas de azúcar nevada para decorar
1 cucharadita de canela en polvo
1 pizca de sal

Utensilios:
bandeja de hornear, papel parafinado, recipiente mediano, rodillo de madera, molde para cortar galletas, espátula, tenedor

1 Precalienta el horno a 300 °F (150 °C).

2 Cubre la bandeja que vas a utilizar con papel parafinado.

3 En un recipiente mediano mezcla todos los ingredientes, al principio utiliza una cuchara de madera y luego la punta de los dedos, hasta obtener una masa lisa.

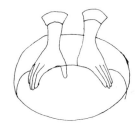

4 Con las manos, haz unas torticas planas como de 2 centímetros, que puedes adornar con un tenedor. Colócalas en la bandeja.

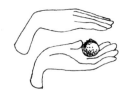

5 Hornea de 15 a 20 minutos o hasta que estén ligeramente doradas.

6 Retira la bandeja del horno.

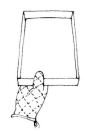

7 Despega las polvorosas con una espátula, déjalas enfriar por lo menos 5 minutos y rocíalas con azúcar nevada.

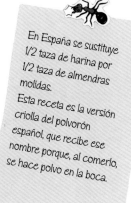

En España se sustituye 1/2 taza de harina por 1/2 taza de almendras molidas.

Esta receta es la versión criolla del polvorón español, que recibe ese nombre porque, al comerlo, se hace polvo en la boca.

5

Brownies

Cuadritos de chocolate

16 piezas
3 gorros

Ingredientes:

1 tableta (125 gramos) de chocolate para taza
1/2 taza (80 gramos) de mantequilla sin sal
2 huevos
1/2 taza (100 gramos) de azúcar
1 pizca de sal
1/2 cucharadita de extracto de vainilla
1 cucharada de polvo para hornear
3/4 de taza (90 gramos) de harina
1/2 taza (50 gramos) de nueces picadas

Utensilios:

olla pequeña, olla mediana, recipiente grande, batidor de alambre, molde para el horno, espátula de madera, cuchillo

1 Precalienta el horno a 350 °F (180 °C)

2 Engrasa y enharina el molde que vas a utilizar.

3 Derrite el chocolate y la mantequilla en baño de María. Para ello, pon una olla pequeña con los ingredientes, dentro de una olla mayor, que debe contener 1 taza de agua. Coloca esta olla sobre la hornilla a fuego mediano. Cuando el chocolate esté cremoso, apaga la hornilla y deja enfriar a temperatura ambiente. Vierte en un recipiente grande.

4 Añade al chocolate el resto de los ingredientes y mezcla con una cuchara de madera.

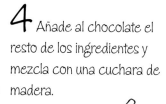

5 Vierte la mezcla sobre el molde. Alisa la superficie con la ayuda de una espátula de madera.

6 Hornea durante 20 minutos o hasta que las orillas empiecen a despegarse. Luego, retira el molde del horno (no olvides usar tus guantes acolchados para no quemarte).

7 Antes de servir, corta pedacitos de 4 por 4 centímetros con un cuchillo.

¿Sabías que la vainilla es la fruta de una orquídea? Esta fruta se recolecta antes de que esté madura, se lava, y se deja secar hasta que tenga su característico color marrón. Entonces está lista para consumir. La vainilla de la isla La Reunión, en el océano Índico, se considera la más larga del mundo: mide hasta 22 centímetros de largo.

27

Galletas de chocolate

50 galletas
3 gorros

Ingredientes:
1 tableta (120 gramos) de chocolate para taza
1/2 taza (80 gramos) de mantequilla sin sal
3/4 de taza (75 gramos) de azúcar
1 huevo
1 cucharadita de extracto de vainilla
1 1/2 taza (150 gramos) de harina
1/2 taza (50 gramos) de nueces picaditas

1 cucharadita de polvo de hornear
1 pizca de sal

Utensilios:
bandeja de hornear, olla pequeña, olla mediana, recipiente grande, batidor de alambre, rodillo, molde para cortar galletas

1 Precalienta el horno a 350 °F (180 °C).

2 Engrasa y enharina la bandeja que vas a utilizar.

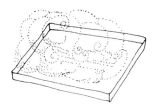

3 Derrite el chocolate en baño de María. Para ello, pon una olla pequeña con el chocolate, dentro de una olla mayor que debe contener 1 taza de agua. Coloca esta olla sobre la hornilla a fuego mediano.
Cuando el chocolate esté cremoso, apaga la hornilla y deja enfriar a temperatura ambiente. Luego viértelo en un recipiente grande.

4 Agrega el azúcar, la vainilla y el huevo, y bate con un batidor de alambre, hasta obtener una mezcla cremosa.

5 Añade la harina, las nueces, el polvo de hornear y la sal, y mezcla con las manos hasta obtener una masa lisa. Junta la masa y haz una bola.

6 Enharina la mesa y el rodillo. Extiende con él la masa hasta que tenga 1/2 centímetro de espesor.

7 Utiliza el molde para cortar galletas.

A su llegada a Europa, el chocolate fue considerado un medicamento; pero como era tan sabroso, muchos se hacían los enfermos.

8 Coloca las galletas sobre la bandeja y hornea de 25 a 30 minutos o hasta que estén ligeramente doradas.

9 Retira la bandeja del horno, utilizando tus guantes acolchados para no quemarte. Déjala enfriar. Separa las galletas de la bandeja con la ayuda de una espátula y disponlas en un plato.

Montañas rocosas
Hojuelas de maíz bañadas con chocolate

8 a 10 piezas
3 gorros

Ingredientes:
2 tabletas (240 gramos) de
chocolate con leche
1 1/2 taza (150 gramos) de
hojuelas de maíz
1 cucharada sopera de café
colado

Utensilios:
papel parafinado, bandeja,
olla pequeña, olla mediana,
cuchara de madera, recipiente mediano, cuchara
grande

1 Cubre la bandeja con papel parafinado.

2 Vierte las hojuelas de maíz en un recipiente mediano.

3 Derrite el chocolate y el café en baño de María. Para ello, pon una olla pequeña con los ingredientes, dentro de una olla mayor, que debe contener 1 taza de agua. Coloca esta olla sobre la hornilla a fuego mediano. Cuando la mezcla esté cremosa, apaga la hornilla y deja enfriar a temperatura ambiente.

4 Vierte la mezcla en el recipiente mediano sobre las hojuelas y bátelo con una cuchara de madera, hasta que las hojuelas queden bañadas de chocolate.

5 Con ayuda de la cuchara forma montoncitos de hojuelas y colócalos sobre la bandeja.

6 Ponlos a enfriar dentro de la nevera por 2 horas, para que se endurezcan.

Cuenta la leyenda que la primer persona en utilizar el método culinario conocido como "baño de María", fue María, la hermana de Moisés, quien era una famosa alquimista.

Vocabulario de cocina

AMASAR: trabajar la masa con las manos sobre una mesa, mientras se espolvorea de harina, para que quede suave.

AZÚCAR NEVADA: se conoce también como azúcar glass o azúcar para nevar.

BAÑO DE MARÍA: procedimiento para cocinar o mantener caliente un alimento que consiste en poner una olla pequeña con los ingredientes, dentro de una olla

mayor que debe contener 1 taza de agua. Esta olla se coloca sobre la hornilla, a fuego mediano, hasta que los ingredientes estén calientes. De esta manera los alimentos no entran en contacto directo con el calor y se van cocinando suavemente.

BATIR: agitar en forma circular y enérgicamente los ingredientes, con la ayuda de un batidor.

BATIR A PUNTO DE SUSPIRO: batir las claras de huevo con una batidora eléctrica o batidor de alambre, hasta que levanten y se pongan espumosas; si lo deseas, puedes agregarle una pizca de sal o azúcar, esto ayudará a que suban más rápido; en algunos países también es conocido como punto de nieve o punto de turrón.

RALLADURA: es la cáscara del limón, naranja o toronja rallada.

ROMPER LOS HUEVOS: quebrar, de un golpe seco, las cáscaras de los huevos, sobre el borde de una taza o recipiente. Abrir el huevo con los dedos pulgares y deja caer las claras, reteniendo las yemas en una media cáscara.

ENGRASAR EL MOLDE: untar la mantequilla, con los dedos, en todo el molde; puedes utilizar un pedacito de papel parafinado para repartirla mejor y sin ensuciarte los dedos (no olvides las esquinas).

ENHARINAR EL MOLDE: después de engrasar el molde, espolvorear 2 cucharadas de harina.

HORNEAR: meter a cocinar un alimento al horno caliente.

INCORPORAR: mezclar en un recipiente, uno por uno, los ingredientes indicados.

PRECALENTAR EL HORNO: prender el horno para que se vaya calentando, se debe hacer siempre con la ayuda de una persona mayor.

PIZCA DE SAL: cantidad de sal que te queda en los dedos índice y pulgar; corresponde a una cantidad menor de 5 gramos

VERTIR: agregar, poco a poco, los ingredientes dentro de un recipiente.

Equivalencias y medidas

· Cuando midas leche, jugo y otros líquidos, coloca la taza sobre una superficie plana y lee las marcas de cantidad, que deben quedar al nivel de tus ojos.

· Cuando midas la mantequilla, margarina, manteca o queso crema, trata de comprimirlos para eliminar el aire y obtener la medida exacta.

1 taza =	1/4 de litro
2 tazas =	1/2 litro
3 tazas =	3/4 de litro
1 litro =	4 tazas
1 taza =	16 cucharadas
3/4 taza =	12 cucharadas
1/2 taza =	8 cucharadas
1/4 taza =	4 cucharadas
1 cucharada =	3 cucharaditas
1 cucharadita =	60 gotas

Temperaturas aproximadas del horno

Grados Fahrenheit	Grados Celsius	Horno Eléctrico
212 °F	100 °C	1
225 °F	110 °C	2
250 °F	120 °C	3
275 °F	135 °C	4
300 °F	150 °C	5
325 °F	160 °C	6
350 °F	175 °C	7
375 °F	190 °C	5
400 °F	200 °C	6
425 °F	220 °C	7
450 °F	230 °C	8

	Cucharadita rasa	Cucharada rasa	Taza
mantequilla	7 gramos	20 gramos	
harina	4 gramos	12 gramos	125 gramos
sal	5 gramos	16 gramos	
azúcar	5 gramos	15 gramos	200 gramos

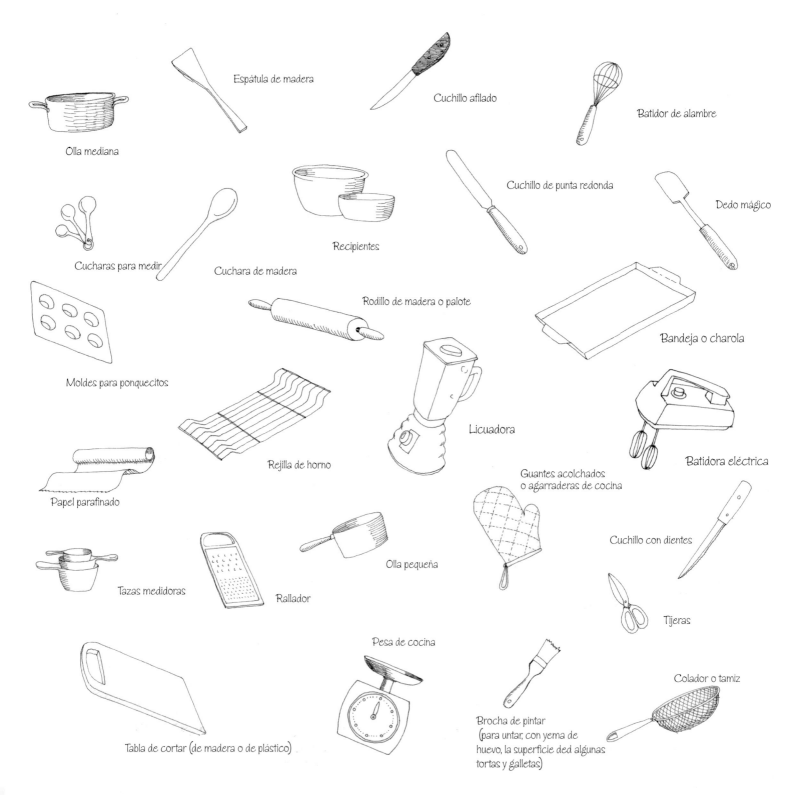

Olla mediana

Espátula de madera

Cuchillo afilado

Batidor de alambre

Cucharas para medir

Cuchara de madera

Recipientes

Cuchillo de punta redonda

Dedo mágico

Moldes para ponquecitos

Rodillo de madera o palote

Bandeja o charola

Papel parafinado

Rejilla de horno

Licuadora

Batidora eléctrica

Guantes acolchados
o agarraderas de cocina

Tazas medidoras

Rallador

Olla pequeña

Cuchillo con dientes

Tijeras

Tabla de cortar (de madera o de plástico)

Pesa de cocina

Brocha de pintar
(para untar, con yema de
huevo, la superficie ded algunas
tortas y galletas)

Colador o tamiz

14/00

D0689788

SANTA ANA
PUBLIC LIBRARY
NEW HOPE

concepción gráfica
y diseño de la colección:
Claret Serrahima

Primera edición: octubre de 1995
Segunda edición: marzo de 1998

Consejo editorial: Josep M. Aloy, Xavier Blanch, Romà Dòria,
Mercè Escardó, Jesús Giralt, Marta Luna, Claret Serrahima

© **Mercè Escardó i Bas**, 1995, por la adaptación
© **Pere Joan**, 1995, por las ilustraciones
© **La Galera, S.A. Editorial**, 1995, por la edición en lengua castellana
Depósito Legal: B. 10.007-1998
Printed in Spain
ISBN 84-246-1939-0

La Galera, S.A. Editorial
Diputació, 250 – 08007 Barcelona
www.enciclopedia-cat.com
secedit@grec.com
Impreso por Índice, S.L.
Fluvià, 81 – 08019 Barcelona

Prohibida la reproducción y la transmisión total o parcial de este libro bajo
ninguna forma ni por ningún medio, electrónico ni mecánico (fotocopia, grabación
o cualquier clase de almacenamiento de información o sistema de reproducción) sin
el permiso escrito de los titulares del copyright y de la empresa editora.

laGalera popular

Los tres cerditos

J SP 398.2 ESC
Escardo i Bas, Merce.
Los tres cerditos
31994011962104

adaptación de Mercè Escardó i Bas

versión castellana de Jesús Ballaz

ilustraciones de Pere Joan

Había una vez tres cerditos.
Como ya eran mayorcitos
y podían valerse por sí mismos,
arreglaron sus cosas,
hicieron con ellas un hatillo
y se fueron a correr mundo.

Pronto decidieron que sería mejor
que cada uno se fuera por su cuenta:
— Adiós, hermano mayor, que te vaya bien.
— Y a ti también, hermano mediano.
— Hasta pronto pequeñín, y suerte.
Y se separaron los tres.

El cerdito más pequeño
fue hasta un campo de trigo.
Allí se le ocurrió
que podía hacer una pequeña cabaña
con un poco de paja.

—Campesino, buen hombre,
¿quiere darme, por favor,
un poco de paja para construirme una cabaña?

—¡Ya lo creo! ¡Tengo muchísima!

El campesino le dio paja
y el cerdito hizo una cabaña muy, muy pequeña
con unas cuerdas que llevaba consigo.
¡Para él solo ya tenía suficiente!

El mediano caminó largo tiempo
hasta llegar a un gran bosque.
    Un leñador estaba cortando leña.
    El cerdito pensó
que con unas ramitas tendría suficiente
para hacerse una pequeña barraca.
    Leñador, buen hombre,
¿quiere darme, por favor,
un buen haz de leña para hacerme una barraca?
    ¡Ya lo creo! En el bosque hay mucha leña.
    Y con muchas ramitas pequeñas,
y unas pocas más grandes para hacer el techo,
construyó una barraca bastante bonita.

El cerdito mayor,
mientras iba caminando y caminando,
encontró junto al camino a un albañil.

🐽 Albañil, buen hombre,
¿quiere darme, por favor,
unos cuantos ladrillos y un poco de cemento
para hacerme una casa?

🐦 ¡Ya lo creo que sí!
Me sobra un poco de todo.
Lo puedes coger tú mismo.

🐽 Gracias, muchas gracias.

Y el cerdito tomó unos cuantos ladrillos
y un poco de cemento,
fue a buscar un lugar llano
y, ladrillo a ladrillo,
construyó las paredes
con sus ventanas, un fogón
y, por último, un bonito tejado.

Quedó una casa muy bonita.

La noticia de que los cerditos se habían instalado en aquel valle
llegó a oídos del lobo.

Como siempre tenía mucha hambre,
no se lo pensó dos veces.
Se presentó en casa del cerdito más pequeño
y llamó a la puerta.

Toc, toc.

¿Quién va?

Soy el lobo y quiero entrar. ¡Ábreme!

El cerdito tenía miedo al lobo.

¡No pienso abrir!

Pues soplaré y soplaré, y tu cabaña hundiré.

El cerdito, que se sentía protegido
en su cabaña de paja, le dijo:

Aquí no entrarás, lobo feroz.

Pero el lobo empezó a soplar y hundió la cabaña.

El cerdito escapó y fue a refugiarse
en la barraca de su hermano mediano.

¡Hermano, hermano! ¡Ábreme, que viene el lobo!

El hermano mediano abrió la puerta y le dijo:

Corre, entra. Aquí estaremos seguros.

Al cabo de un rato llegó el lobo.
Vio que la puerta estaba cerrada y llamó:
— Toc, toc... Soy el lobo y quiero entrar. ¡Abridme!
— Aquí no entrarás, lobo feroz.
— Pues soplaré y soplaré, y vuestra cabaña hundiré.
Los cerditos, que se sentían seguros
en su barraca de ramas, contestaron:
— ¡Eso no te lo crees ni tú!
¡Ya puedes soplar, ya!
Y el lobo no paró de soplar hasta que hundió la barraca.

Los dos cerditos salieron de estampida
y llegaron a la casa de su hermano mayor:
— ¡Hermano, hermano! ¡Ábrenos, que viene el lobo!
— Pasad, pasad, no tengáis miedo.
Y se encerraron los tres con siete llaves.

Al cabo de un rato llegó el lobo
y llamó a la puerta:
— Toc, toc... Ya he llegado.
Abridme, que quiero entrar.
¡Abridme, abridme ahora mismo!
— ¿Qué te has creído? No tenemos intención de abrirte.
— Pues soplaré y soplaré y vuestra casa hundiré.
Los tres cerditos, que se sentían muy seguros
en la casa de ladrillos y cemento, contestaron:
— Esta vez no te saldrás con la tuya.
¡Sopla, ya puedes soplar!
Y el lobo sopló y sopló y volvió a soplar,
pero esta vez no consiguió hundir la casa.

Dio la vuelta a la casa enfadado.
Las ventanas estaban cerradas.
Pero como era muy tenaz y tenía hambre
no se dio por vencido...
   Vio que en el tejado había una chimenea
y pensó:
   «Ésta es la mía, eso sí que no se lo esperan.»
   Y subió al tejado decidido a entrar en la casa.

Pero los tres cerditos,
que habían visto al lobo
rondando por los alrededores,
adivinaron sus intenciones.

    Encendieron una gran fogata
y, cuando el lobo entró por la chimenea,
se quemó como un tizón.

    Los tres cerditos abrieron la puerta
y el lobo salió pitando
y nunca más volvió a molestarlos.

    A partir de aquel día
los cerditos decidieron vivir los tres juntos
en casa del hermano mayor.

    Y aún deben de estar allí,
si no han hecho el hatillo y se han marchado otra vez
a correr mundo, cada uno por su lado.

    Y, ¡cuento contado, cuento acabado!